Miscellanées,

VARIÉTÉS DE PHILOSOPHIE,

D'HISTOIRE ET DE LITTÉRATURE,

EXTRAITES D'UN LIVRE QUI NE PARAÎTRA POINT.

Pour être homme de lettres, en France, il faut avoir fait *un gros livre*, comme il faut, pour y être peintre, avoir fait ce qu'on appelle *une grande page*.

Or, *un livre*, c'est une idée, ou quelque chose qui y ressemble, ou quelque chose qui ne ressemble à rien, et dont le nom occupe, à titre courant, la marge supérieure d'un *in-octavo* de vingt-cinq feuilles. De ce qui est dessous, Dieu garde qui s'en soucie !

Dans *un livre*, vous avez deux choses : 1° le titre, qui doit être bref, substantiel, imposant, plein de je ne sais quel curieux mystère, comme l'étiquette d'une boîte précieuse, et par exemple :

DU GOUT; ou bien DE L'ESPRIT; ou bien DE LA RAISON.

2° la matière, qui est tout ce qu'on veut, moyennant qu'elle réunisse les qualités propres et quidditatives de la matière, c'est-à-dire les dimensions de hauteur, de largeur et d'épaisseur dont se compose un honnête parallélipipède bien compacte de papier imprimé. Après cela, si vous y trouvez de la *raison*, de l'*esprit* ou du *goût*, c'est tout bénéfice pour le lecteur. Nous n'en demandons pas tant. Le livre existe *in genere*, et nous avons, grâce au ciel, un auteur de plus.

Que si par hasard vous aviez passé votre innocente vie à recueillir toutes les notions rationnelles et scientifiques de l'espèce, dans l'ordre d'une excellente éducation progressive, où la pensée, parfaitement dirigée, procède, par une suite non interrompue de recherches et de découvertes des perceptions les plus familières de l'intelligence, aux résultats les plus excentriques de l'étude et de la réflexion, et que vous fussiez ainsi parvenu à vous faire une encyclopédie intuitive, bien préférable à celle de M. d'Alembert, sur un plan bien supérieur à celui du chancelier Bacon, — vous entendriez retentir encore ce cri formidable de l'omnipotence littéraire, qui vous dévoue à mourir de mort : *Liber, ubi es?*

Les anciens savaient à peine ce que c'est qu'*un livre*. Pythagore, qui méditait de belles lois, et qui improvisait de beaux vers, n'a jamais fait *un livre*. Démocrite, Épicure, Socrate et même Chrysippe, l'homme aux trois mille volumes, ont dicté d'innombrables chapitres : ils n'ont point fait de *livres*; car ils estimaient leurs pensées et leur temps à une plus haute valeur. C'est tout au plus si nous oserions donner maintenant le nom de *livre* aux *Dialogues* de Platon, aux *Aphorismes* d'Hippocrate et aux *Morales* de Plutarque. L'*Iliade* elle-même n'est qu'une suite de chants épars, soigneusement rapprochés par un rapsode. Athénée, Ælien, Stobée, Valère-Maxime, Aulu-Gelle, Macrobe, Montaigne, La Motte-le-Vayer, Diderot, ont nettement tranché la question : ils n'ont laissé que des pages avec lesquelles il y a des milliers de *livres* à faire pour des milliers de générations de pédans.

Si une méchante habitude ou le besoin de me distraire des angoisses de la maladie et des infirmités de l'âge, tant que je ne serai pas parvenu à dire avec ce fanfaron de Possidonius que la douleur n'existe pas...—Si ce prurit invincible des muscles érecteurs du métacarpe, qui tient lieu d'inspiration et de génie à tant d'honnêtes gens, me forçaient encore à écrire, ce ne serait pas pour entreprendre *un livre*. J'abandonnerais tout au plus aux derniers morceaux de papier blanc qui se détachent un à un de mes tablettes décousues quelques souvenirs, quelques impressions, quelques rêveries sans suite, jusqu'au jour où la mort viendra souffler, en riant, sur ces feuilles fugitives, et les rendre avec moi aux élémens.

C'est même le parti que je prendrai probablement quelque jour, pour me désennuyer, si j'ai le malheur de survivre à ma perruche.

—

L'Écriture dit, chapitre 34 du *Deutéronome*, que nul ne connaît le lieu de la sépulture de Moïse. On l'a cependant montrée au philosophe Bernier, dans le délicieux royaume de Cachemire. Pour peu que Moïse y ait seulement vécu âge de patriarche, il n'eut pas à regretter la terre promise, qui est bien loin de valoir celle-là, où quelques philosophes chrétiens ont cru reconnaître le paradis terrestre. Il est bien rare que les thaumaturges et les souleveurs de peuples perdent quelque chose aux révolutions.

Ceci me rappelle que Romulus disparut, comme Moïse, au milieu d'un sacrifice, et que le sage Lycurgue s'exila prudemment de sa Laconie, après lui avoir donné des institutions. C'était en vérité ce qu'il y avait de mieux à faire dans une si triste république.

Les nations sont si convaincues que les lois constitutives des états ne procèdent pas de l'homme, qu'elles ne croient fermement à une législation que lorsque le législateur n'y est plus. Chez nous, ce sont les législateurs qui restent et les nations qui s'en vont.

—

J'ai lu quelque part dans Byron, ou j'ai entendu dire d'après lui, que le principe moral d'une société ne durait que deux mille ans. Cela est généralement vrai, mais il n'a pas pensé à la Chine.

Cette longévité politique des institutions de la Chine a donné beaucoup de tablature aux esprits spéculatifs. Les uns l'ont attribuée à cette heureuse religion des aïeux, qui est une consécration intime et domestique du passé ; cela n'est pas douteux ; d'autres, à la difficulté de l'étude de la langue, qui est la clef essentielle de la science du gouvernement et l'initiation indispensable de tous ceux qui y participent. Il n'y a pas un mot à leur répondre. — Plusieurs, à l'égalité des droits moraux qui sont toujours mesurés sur l'aptitude individuelle des sujets de l'empire et qui n'ont point d'autre règle. La vérité même n'est pas plus évidente que cette hypothèse.

Il fallait ajouter simplement que tout cela contribue, avec une simultanéité merveilleuse, à l'immutabilité du gouvernement de la Chine, et l'expliquer par une raison de plus qui vaut celles-là et toutes les autres : c'est que les femmes et les prêtres ne s'en mêlent point.

—

On est bien près d'atteindre à l'apogée des sciences de l'homme, quand on sait qu'il n'y a dans la vie qu'une chose un peu sérieuse, qui est la mort, et que cette chose elle-même ne mérite pas qu'on s'en occupe, car quel esprit raisonnable pourrait s'occuper d'un événement infaillible qui est commun à tous, et qui ne change rien au train éternel du monde ? Il faut que les suicides soient bien fous pour s'imaginer que la mort inévitable vaut la peine qu'on la cherche, et que la vie indifférente et passagère vaut la peine qu'on s'en débarrasse. Les Orientaux ont une maxime qui renferme plus de sens que tous les livres des moralistes : « Il vaut mieux être assis que debout ; il vaut mieux être couché qu'assis ; il vaut mieux être mort que couché. » Mais ce n'est pas une raison pour hâter le terme, puisqu'il est sûr et partout. Les vivans parcourent une route où l'hôtellerie ne manque jamais au voyage.

Le jour où Charles Ier fut condamné à mort, il se consola aisément par ce vers d'Alain Delisle, qui a été, par parenthèse, mal à propos attribué à Ovide :

Qui decumbit humi non habet undè cadat.

Je comprends toutefois qu'on cherche à éviter la douleur physique, bien qu'elle porte avec elle une douce et parfaite compensation : c'est qu'au point où elle cesse d'être tolérable, elle n'est plus que la mort. Voilà pourquoi Charles interrompit son grave discours sur l'échafaud pour recommander aux spectateurs de ne pas toucher à la hache. L'essentiel, en effet, quand on arrive au terme de la vie, c'est que la hache ait le fil.

—

On ne s'occupe de la grammaire et de la lexicologie, ou autrement de la vie matérielle des langues, qu'à leur commencement et à leur fin. La science du vocabuliste n'est qu'une clinique verbale. Les dictionnaires sont comme l'état-civil, où l'on enregistre les naissances et les enterremens. Voilà pourquoi le *Dictionnaire de l'Académie*, qui est venu *medio rerum*, est un si pitoyable ouvrage. Dans un demi-siècle ou un siècle au plus, l'histoire philosophique et analytique de la langue française sera de mode, parce que la langue française sera tout près de n'en être plus. Il se forme depuis long-temps une langue nouvelle, que les communications plus multipliées de l'occident avec l'orient et le reste du monde, accréditent de jour en jour, à l'insu de nos écoles savantes ; langue hétérogène, langue hibride, qui a le vagabondage du Zergue et la licence des Macaronées, comme toutes les langues qui se composent à la décadence des langues ; c'est la langue franque, qui nous envahit progressivement sans que nous nous en doutions, et qui surgit entre nous et la civilisation future, comme a surgi, entre la civilisation précédente et nous, le roman dont elle est la représentation actuelle et topique. Pendant que deux ou trois grammairiens philosophes rêvent encore une *caractéristique* universelle, inutilement rêvée par Wilkins et Leibnitz, pour servir de truchement aux peuples, elle la réalise spontanément sur une grande partie de la terre. Il n'y a pas mille ans d'ici au moment où elle sera classique à son tour ; et c'est là une de ces prophéties d'induction qui sont infaillibles, parce qu'elles sont expérimentales, et que l'expérience, c'est tout simplement la raison réduite en faits.

Après cela, le rôle de l'occident sera fini.

—

Cicéron était romantique. Il dit quelque part que, pour la poésie de l'expression, il préfère beaucoup *voraginem malorum* à *charybdim malorum*. J'avoue que je n'ai jamais vu autre chose dans la question.

—

Qu'est-ce que l'expression poétique? Existe-t-elle réellement et intrinséquement, ou bien ne fait-elle que résulter du mouvement de l'idée et du tour que l'imagination lui donne? Les rimeurs sans génie se décideront certainement pour la première de mes propositions. Leur poésie, à eux, se bâtit de phrases convenues, assorties en centons laborieux, et qui se modifient si peu par le fond du sujet ou par la forme de la mise en œuvre, qu'il suffit d'en lire un pour les avoir lus tous. C'est une monnaie en circulation qui a des coins plus ou moins mordans, des empreintes plus ou moins nettes, qui a plus ou moins subi le fruste de la vétusté, et dont on produit des sommes diverses selon le nombre et la valeur spécifique de pièces, mais ce sont toujours, au bout du compte, pièces de même valeur, de même type et de même aloi. Ce fut Pascal, je crois, qui, rebuté par cette fastidieuse redondance de mots dans laquelle on faisait consister la poésie, se persuada ingénument qu'elle pourrait bien n'être pas autre chose, et que son secret se bornait à plaquer des alexandrins bien rimés de certains lieux-communs emphatiques et sonores, comme *bel astre* et *fatal laurier*. Pour quiconque en effet ne connaîtrait la poésie que par la foule des poètes qui en font métier, ce jugement est aussi juste qu'il est rigoureux. Heureusement la poésie n'est pas là.

On est obligé de convenir cependant qu'il y a dans les langues un assez grand nombre de mots que le créateur progressif du langage a doués, si l'on peut s'exprimer ainsi, d'une poésie intime et virtuelle, et qui éveillent d'eux-mêmes au fond de la pensée un sentiment ou une image. C'est que c'est une pensée poétique qui les a faits, et le recueil de ces mots précieux serait un des plus beaux monumens que l'on pût élever au génie de la parole. Quand je lis, *Aurore aux doigts de roses,* dans nos ouvriers métriques du règne de Louis XV, je ne puis m'empêcher de me représenter, sur le champ, le décorateur et le machiniste de l'Opéra, enluminant, endimanchant et balançant sur une gloire de toile peinte une figure mythologique, pour fasciner mes yeux et mon esprit. Le simple nom de l'*aube*, qui est fait d'*alba*, me dit bien autre chose. Je vois en le prononçant les rayons de la lumière naissante qui blanchissent le ciel. Le premier qui a appelé *viridis* la couleur dés bois qui feuillent, parce que *ver* est le nom du printemps, n'était-il pas peintre aussi? Quelle profonde et touchante mélancolie animait l'heureux inventeur du mot, quand il a emprunté le nom du *calme* de l'ame à celui du *chaume* des toits rustiques, et quand il a exprimé la *sérénite* d'une conscience pure par

le plus délicieux des emblèmes, en la comparant au repos silen-
cieux et balsamique du *soir !* Le *caprice*, figure ingénieuse et pit-
toresque de la liberté pétulante des *chevreaux* abandonnés à eux-
mêmes, n'a jamais été défini d'une manière plus frappante et plus
fine que par son étymologie. Cette inspiration se retrouve souvent
dans nos locutions les plus vulgaires. Analysez ce mot *coup d'œil*,
dit M. Le Mercier, et vous avouerez que la hardiesse de la métaphore n'est jamais allée plus loin. L'aigle *fixe* le soleil, pour dire
qu'*il le regarde fixement*, est une de ces ellipses de la prose com-
mune dont la poésie serait fière, et je ne suis pas surpris que cette
superbe métaphore ait alarmé la délicatesse timide de Voltaire et
le purisme ombrageux de l'Académie. Elle n'est effectivement pas
grammaticale ; elle n'est que sublime.

L'emploi des mots n'est donc pas dénué de quelque poésie iden-
tique, mais ce serait s'abuser que de ne pas le regarder comme
très-secondaire ; il est permis de croire cependant que tout homme
qui ne peut pas remonter de l'expression à son étymologie ne sait
pas la langue vulgaire, et il est à craindre qu'il n'apprenne jamais
la langue poétique.

On a souvent comparé Rabelais et Stern, et cette comparaison
n'est pas un de ces jeux frivoles de l'esprit qui ne sont bons qu'à
servir de texte aux exercices de la rhétorique et aux pièces d'ap-
parat de l'Académie. Ces deux grands dériseurs sont placés comme
deux jalons dans la route philosophique de l'intelligence des mo-
dernes. Le premier annonce la conquête de l'indépendance reli-
gieuse ; le second marque le point de départ de l'indépendance politique.

Ce qui les distingue spécialement, c'est moins leur but que l'allure propre de leur esprit; car l'homme de génie ne se sépare jamais absolument de l'homme, dans le caractère qu'il imprime à ses ouvrages. Rabelais, né dans un temps de développement et d'effervescence sociale, où le monde semblait sortir une seconde fois du chaos, avait d'ailleurs en lui-même toute la sève d'un esprit créateur, mais disposé à voir les choses sous ce côté ridicule qui ne manque à aucune des choses de la terre. Stern, contemporain d'un âge où la société caduque était tombée, plutôt qu'elle ne s'y était mise, sous la sauve-garde d'un système assez général de bienséances et de ménagemens, comme tous les vieillards qui cherchent à paraître aimables, était plus porté à considérer dans la vie des peuples son aspect mélancolique, parce qu'il était impossible qu'il ne reconnût pas que c'était là sa dernière forme. La gaieté de Rabelais est celle d'un enfant turbulent qui brise ses jouets les plus précieux pour en mettre les ressorts à nu. La gaieté de Stern est celle d'un barbon un peu morose, qui s'amuse à faire jouer des pantins. Ce qui domine dans Rabelais, c'est une hilarité effrénée, et je n'ai pas d'autre expression pour la définir. Ce qui domine dans Stern, c'est un sentiment amer des déceptions de l'ame, qui se manifeste tour à tour par des rires ou par des larmes, et sous l'expansion duquel on devine toujours les tortures poignantes de quelque angoisse déguisée. Si Rabelais n'était pas si incisif et si profond, il ne serait que le Démocrite de son siècle. Si Stern n'était pas si naturellement plaisant quand il daigne s'en donner la peine, on le prendrait pour l'Héraclite du sien. La postérité pensera en les lisant, et elle ne se trompera point, que le temps de Rabelais était beaucoup plus ridicule, et que celui de Stern était beaucoup plus triste; mais il est possible que cela ne tienne pas exclusivement à leur manière de sentir. Les vieux ridicules deviennent tristes.

La fable de Rabelais et celle de Stern diffèrent en apparence de toute la distance qui sépare l'observation de la société de celle de la famille. Il est évident que Rabelais a voulu se mettre tout-à-fait en dehors du monde connu, pour se donner le droit d'en juger avec une liberté sans bornes, et c'est pour cela qu'il a emprunté aux vieux conteurs une fable fantastique. Il est évident que Stern a cherché à s'en éloigner dans le sens opposé, en se réfugiant dans le centre le plus obscur de la vie intérieure, et c'est pour cela qu'il s'est restreint au développement bourgeois de quelques anecdotes domestiques. Rabelais force l'homme à s'égarer hors de lui-même, et c'est en lui-même que Stern vient le surprendre et le saisir. Le premier entraîne son lecteur dans le labyrinthe immense de nos vanités et de nos folies, à force d'illusions riantes qui lui font perdre de vue le point d'où il est parti, et dédaigner le point encore plus incertain où il doit aboutir ; le second lui montre les même objets dans un espace si étroit, au contraire, que l'esprit s'étonne d'avoir fait tant de voyages sans changer de place. Et qu'on ne s'y trompe pas toutefois ; l'horizon rationnel des deux écrivains n'est pas plus large dans la cosmographie imaginaire de Xénomanes que dans le salon de M. Shandy et dans le boulingrin de l'oncle Tobie. On croirait que Rabelais a entrepris de se faire pardonner la vérité mordante de ses satires par l'attrait de ses mensonges. On croirait que Stern a entrepris de se faire pardonner le mensonge innocent de sa fiction par l'attrait de ses vérités. Rabelais est vrai aussi dans ses peintures, mais il est vrai comme le croquiste malicieux qui ne présente la figure que de son mauvais profil, comme la caricature, qui ne s'empare du galbe de l'homme que pour plier ses nobles lignes à des attitudes grotesques. Stern, qui n'a peut-être pas vu notre nature de si haut et avec autant de puissance, l'a vue, analysée et décrite de face. Rabelais est un de ces cyniques dont les institutions d'une société jeune et florissante autorisent l'audace, et qui la poursuivent de leurs sarcasmes, par une sorte de privilége, comme les insulteurs publics des triomphes du Capitole. Stern est un de ces moralistes gracieux qui égaient d'un grave sourire l'agonie des peuples moribonds, et qui effeuillent des roses sur leur linceul.

Ce n'est pas ici, au reste, qu'il faut chercher l'expression exacte de leurs analogies et de leurs contrastes ; c'est dans Stern lui-même, qui était seul capable de la trouver. Le bon et judicieux Yorick, sous les traits duquel il s'est peint, est un sage d'un esprit jovial et tant soit peu caustique, mais bienveillant et poli, qui descend en droite ligne d'un bouffon.

—

L'antiquité disait que la vérité habite au fond d'un puits, et c'est là une allégorie admirable, parce que du fond d'un puits, où l'on ne reçoit la lumière que par une ouverture circonscrite, on ne juge sainement que la partie de l'horizon qu'elle laisse à découvert. Ainsi la vérité même, si elle existait quelque part, ne connaîtrait qu'une partie du vrai. Cette fable est l'emblème de notre intelligence.

—

L'esprit le plus profond et le plus ingénieux, selon moi, de la première partie du seizième siècle, je vous étonnerai peut-être en le nommant, c'est Bonaventure Desperriers. Dans cette sublime facétie à la manière de Lucien, qu'il intitula *Cymbalum mundi* ou *la Clochette du monde*, et que les bibliographes placent tout près de Tabarin, il suppose que Mercure, après avoir montré la vérité aux hommes sous la figure de la pierre philosophale, se divertit à la réduire en poudre sur l'arène du théâtre, en leur proposant, comme le but d'une sage émulation, de recueillir ses débris et de les réintégrer en un seul corps. Là dessus, c'est à qui ramassera le plus des précieux fragmens de ce bijou merveilleux. On y court de génération en génération, et chacun en rapporte quelque pièce, plus ou moins enveloppée encore du sable impur avec lequel elle était confondue. Les concurrens se montrent fièrement les uns aux autres cette vaine et imparfaite conquête, en disputant sur le poids et le mérite relatif de leur exploitation. Les habiles, et les charlatans, qui sont presque toujours plus habiles que les habiles, prétendent qu'ils ont tout à eux seuls, et insultent aux prétentions des autres. Quand ils ont de l'audace ou du génie, ce qui est la même chose pour la multitude, elle finit par les croire sur parole, et par jeter son sable et ses vérités au vent. Le fait est que la vérité n'est à personne, et que Mercure, tout dieu qu'il est, aurait bien de la peine à la retrouver. C'est une fiction platonique, et dans le charmant style de Despérriers, elle a tout l'attrait de Platon.

Je suis loin de blâmer les efforts de la pensée pour arriver à l'acquisition de la vérité. Ils sont impuissans, je le crois, mais ils sont naturels, et ils ont un air de générosité qui impose. Il y a d'ailleurs des ames ardentes pour lesquelles la possession de la vérité est un tel bien qu'il serait cruel de leur démontrer qu'elles n'y sont pas parvenues, et qu'elles n'y parviendront jamais ; il faut les laisser faire et attendre, car on finit par se détromper de cette recherche comme de tout. Soyons bien convaincus en attendant que la vérité n'est pas trouvée, tant qu'il reste quelque chose de contesté dans ce qu'on veut nous donner pour elle, puisqu'il n'y a pas un homme, si mal organisé qu'il soit, qui ne reconnaisse la vérité aussitôt qu'on la lui montrera. Ce qui n'est pas la vérité de tous n'est pas du tout la vérité. Notre destination, c'est de trier entre nous les parcelles de la vérité qui paraissent telles au plus grand nombre. Gardez le reste pardevers vous comme un trésor privé, comme une monnaie dont le métal n'a point de nom, et dont le type n'a point de cours ; mais surtout ne contestez plus, et tachez de vous aimer. Laissez les autres s'amuser avec leur sable, car ils y voient d'aventure ce que vous ne voyez pas, comme ils ne voient pas dans le vôtre ce que vous croyez y voir. La pierre philosophale de Mercure elle-même serait payée trop cher au prix de la tolérance.

Enfin, mes amis, il y a un des fragmens de la vérité qui se trouve dans le sac de tous les hommes réfléchis, qui ont cherché la vérité en conscience pour la vérité seule, et je vous dirai sincèrement ce

qu'il leur apprend. C'est que, dans le sens général et absolu du
mot, il n'y a point de vérité.

Un de ces hommes supérieurs de notre époque dont la renommée
déjà ancienne n'est pas encore toute faite, m'écrivait il y a quelques
années : « Le principe que la réaction est égale à l'action ne
» s'applique pas moins à la conduite du monde moral qu'au main-
» tien du monde physique. C'est une vérité que l'histoire confirme
» à chaque page; on doit en conclure que la stabilité et la durée
» des institutions résident à peu près dans les moyennes, et pres-
» que jamais dans les extrêmes. » Ce beau théorème, qui a toute
l'évidence d'un axiome, est de Jean Debry.

Quant à moi, je ne connais pas de formule mathématique plus
exacte que la formule populaire *in medio stat virtus*, qui place la
raison entre les extrêmes, et je suis heureux de pouvoir affirmer
qu'elle a été reconnue, par le bon sens du genre humain, dès l'o-
rigine des langues.

Il me semble qu'il n'y a point de guide plus philosophique que
l'étymologie, dans la définition des mots et dans leur appropria-
tion aux idées ; car l'étymologie du mot, c'est l'expression naïve,
complète et intelligente d'une pensée simultanée avec l'invention
de son nom et le mécanisme de sa parole. Or, toutes les idées de
sapience humaine sont rassemblées autour des racines étymologi-
ques qui se rapportent à l'idée de *milieu*. C'est une proposition qui
n'a besoin que d'être énoncée pour être comprise, et dont l'application au grec et au latin tomberait dans l'excès d'un pédan-
tisme trivial. Il faut respecter le monopole de l'université.

Depuis que les hommes se sont avisés, je ne sais quand et je ne
sais où, de représenter certaines pensées par certaines articulations,
ils sont donc parfaitement d'accord entre eux, et on ne s'en doute-
rait guère, sur une définition de la philosophie morale et de la phi-

losophie politique, prise unanimement dans l'affinité de ces sciences spéculatives avec ce qu'il y a de plus positif dans les sciences de faits. On demanderait volontiers après cela de quoi et pourquoi ils disputent.

C'est que les peuples eux-mêmes subissent, suivant le temps, la loi éternelle d'oscillation et de pondération du grand pendule social auquel ils sont suspendus. C'est qu'alors des rapprochemens et des résultats fondés sur l'état régulier des sociétés, qui est l'état moyen et qui ne peut pas être autre chose, paraîtraient fort inintelligibles à des masses qu'une impulsion nouvelle vient de replacer au premier degré d'ébranlement. C'est qu'ils ne se feraient pas comprendre aisément d'une masse moins agitée, mais qui cependant vibre encore, et que la prétention d'arrêter un corps qui n'est pas à son point d'équilibre et de repos ne siérait pas même à Dieu s'il pouvait jamais concevoir le projet de violer les lois inviolables qu'il a établies. Il y a une classe d'hommes seulement pour laquelle ces considérations ne sont pas perdues', celle des penseurs, qui savent que toutes les vibrations possibles aboutissent à la perpendiculaire et à l'immobilité.

Le sage ne va pas inutilement dissiper sa force à parcourir avec la multitude un arc immense dont elle ne retrouvera jamais les extrêmes. Doué d'une puissance propre de pondération, il ne livre au mouvement universel que ce qu'il ne peut lui refuser, et il se retrouve le premier au point de station.

—

Le plus beau des emblèmes moraux ne nous vient pas de la mythologie ; il est caché dans le titre oublié d'un bouquin du quinzième siècle : c'est le mariage du roi *Modus* et de la reine *Ratio*.

J'ai entendu dire cent fois : « Cet homme est bon, sensible, gé-
néreux. Je n'hésiterais pas à lui confier ma bourse, ma maison ,
mon secret, ma fille ; mais il ne pense pas comme moi, et je le
tue. »

Je conçois qu'il ne pense pas comme toi , car s'il pensait comme
toi, l'exemple de deux ménechmes comme vous deux serait unique
dans le monde intellectuel.

Mais écoute ! Il n'est pas que tu n'aies entendu parler de l'op-
tique. Tu dois savoir qu'un verre concave ou convexe change la
dimension des choses, qu'un verre nuancé change leur couleur ,
qu'un verre à facettes change leur nombre, qu'un verre cylindrique
ou bombé change leur forme , que des verres opposés rapprochent
ou éloignent leur distance. Eh bien ! il n'existe pas un homme qui
n'ait un de ces verres magiques devant un de ces yeux de l'intelligence
qui portent la pensée à l'ame, et tu as le tien, si ton ame voit. C'est leur
combinaison qui fait la physionomie de l'esprit , comme la combinaison des traits fait la physionomie du visage. J'admets que tu
sois né avec une vue nette, pénétrante, étendue, infatigable, et
je t'en félicite ; mais nous ne pensons, ni toi ni moi , que ce soit
une raison suffisante pour tuer le myope qui ne voit que de près, ou
le presbyte qui ne voit que de loin. — Tue l'autre, si tu l'oses.

—

S'il y a un axiome incontestable en logique, c'est celui-ci :
Nemo dat quod non habet. Personne n'est forcé à donner ce qu'il
n'a pas. L'antiphrase est d'une conséquence rigoureuse. Personne
ne peut réclamer ou reprendre ce qu'il n'a pas donné.

A l'application. La société est certainement en droit de priver
de tous ses avantages sociaux l'homme qui s'est séparé d'elle par un
crime. Comme elle est créatrice des lois, elle peut refuser leur protection à quiconque les a enfreintes par la ruse ou par la violence.

Comme elle est la source de toutes les libertés inoffensives et légitimes, elle peut les retirer à elles quand l'usage lui en est devenu préjudiciable dans un individu. Voilà le principe et les limites de la justice.

La société a donné beaucoup à l'homme social. Elle ne lui a pas donné la vie naturelle ; ici finit son pouvoir. Or, si la vie ne procède pas de la société, s'il lui est impossible d'en accorder le bienfait à qui n'en jouit point et de la rendre à qui l'a perdue, elle sort tout-à-fait des bornes du droit en s'arrogeant le privilége de la prendre. Les condamnations capitales sont donc un abus monstrueux de la force, un attentat qui crie vengeance sur toutes les législations, une infraction sacrilége au plus universel des principes simplement humains et des commandemens religieux : *Tu ne seras point homicide.*

Ce ne sont pas ici des raisons de sentiment ; ce sont des propositions qui ont toute l'exactitude et toute la simplicité de la première opération de calcul qu'on livre à l'intelligence d'un écolier ; il n'y a qu'un seul homme, aveuglé par un épouvantable intérêt personnel, qui osât y opposer une fin de non-recevoir ; et cet homme, ce n'est pas le législateur ; c'est le bourreau.

Je dors rarement, mais je dors quelquefois, et quand je dors, je rêve ; et j'ai reconnu que les rêves sont ce qu'il y a de plus doux et peut-être de plus vrai dans la vie.

L'autre soir, je m'assoupis sur une idée chagrine, parce que le sommeil m'était venu en lisant de l'histoire positive, et je rendis grâce à la fée de l'imagination qui pouvait me transporter sans efforts sous un ciel favorisé de la nature, au milieu d'une nation qui est, de l'avis de tous les voyageurs, tendre, aimable, spirituelle, essentiellement disposée au bien et toute propre à le conquérir, puisque sa civilisation, pleine de naïveté, de jeunesse et d'espé-

rance, ne datait, suivant elle, que de trois ou quatre lunes. J'é-
tais tombé, ô merveille ! dans le conseil des sages du pays ; et mon
inaptitude à l'éligibilité légale commençait à m'inquiéter, quand la
vue de mon pagne me rassura. Je revins de ma confusion, et je
m'assis dans les rangs de ces nobles sauvages avec l'assurance d'un
journaliste et la fierté d'un avocat.

« Messieurs, dit le chef de la grande tribu (je ne sais pas préci-
sément si c'était un scheyk ou un sachem), « la question à l'ordre
» du jour est de savoir si aujourd'hui, que nous sommes éminem-
» ment libres, éminemment moraux, éminemment perfectionnés,
» et par conséquent éminemment bons, nous continuerons à man-
» ger de l'homme. »

L'orateur se leva, et d'un ton de voix édulcoré par quelque habitude mielleuse de l'éloquence philantropique, il prononça les
paroles suivantes sur le mode le plus affectueux de la voix humaine.

« Messieurs, le droit que nous avons à manger de l'homme
» n'est pas très-bien établi, mais l'abstinence de la chair d'homme
» est absurde par plusieurs raisons ; d'abord nos ancêtres en man-
» geaient, et quoique nous ne fassions presque rien comme eux,
» nous devons respecter leurs habitudes utiles. Secondement, la
» chair d'homme est bonne ; elle est nutritive er savoureuse, et
» celle des mains, messieurs, est d'une délicatesse incomparable !
» Troisièmement, cette espèce de préparation culinaire, qui est
» ordinairement accompagnée d'un appareil agréable et instructif,
» et qui tient une place immémoriale parmi les divertissemens de la
» nation, ne contribue pas médiocrement à entretenir dans nos
» femmes et dans nos enfans cette douce tiédeur de sang, cette ex-
» quise aménité de mœurs et cette politesse inimitable de manières
» qui nous ont acquis une prééminence si marquée sur tous les peu-
» ples du monde. Enfin, les prisonniers que l'ennemi nous laisse
» sont ordinairement jeunes et forts, d'une constitution robuste
» et appétissante, d'un embonpoint délicat et friand, et ils chan-

» tent presque tous la chanson de mort en perfection. La commis-
» sion pense donc qu'il est à propos de renvoyer la discussion à
» quelques siècles, et de continuer à manger de l'homme au ban-
» quet anniversaire des fêtes de la Concorde et de l'Humanité : j'ai
» dit. » — Et moi, je sortis.

Je vis après cela une rue où il y avait du sang, une place publique où il y avait du sang, des hommes dont la chemise était re-
troussée jusqu'au coude et qui versaient du sang, des enfans qui re-
venaient de l'école et qui s'arrêtaient pour le voir couler. Mon
cœur bondit de dégoût et d'horreur, et je m'éveillai en sursaut.

Ah ! ah ! m'écriai-je en me frottant les yeux !.... c'est que j'é-
tais chez les anthropophages !

—

Il y a des mots d'un usage essentiel dans les langues de l'homme,
et dont la définition est même une des nécessités de sa condition
sociale, sur lesquels on ne s'est cependant jamais compris. Tels
sont les mots *nation* et *patrie*.

Suivant le grand nombre, *nation* et *patrie*, c'est une fraction
de la race humaine et du territoire commun, qui est enclavée entre
de certaines limites, qui s'étend jusqu'à de certaines montagnes, et
qui est bornée tout à coup par un fleuve ou par une mer. Là finit
la *nation*, la *patrie*; là se relâche ou se brise le lien moral, la sym-
pathie fraternelle des peuples.

Suivant qu'on est impressionné, on établira en principe que la
patrie c'est le sol, ou bien que ce sont les institutions, et il ne
restera plus que deux choses à définir, le sol et les institutions.

Le sol : c'est-à-dire un terrain vague, irrégulier, incertain, toujours modifié, toujours modifiable, qui s'est accru par les con-
quêtes ou les usurpations, que la guerre envahit ou morcelle,
qu'une inondation submerge, qu'un tremblement de terre boule-
verse, qui a subi les lois de cent maîtres, qui a porté cent noms,

et que la vicissitude éternellement instable des événemens a cadastré sous un nom commun avec les pays qui le touchent.

Les institutions : c'est-à-dire le caprice plus ou moins muable d'une poignée d'hommes qui ont acquis, je ne sais comment, le droit de convertir le prestige d'un vieux nom en légitimité; les concessions d'une popularité factice en législation, des mensonges en préjugés, et d'autres mensonges en doctrines.

O j'aimerais cent fois mieux la définition de l'égoïste ou du sage, qui appelle *patrie* l'endroit où il est bien! Mais ce n'est rien de tout cela, et ce que c'est, la nature nous l'apprend.

La société, c'est la parole; la nation, c'est la langue. Tous les hommes qui ont pratiqué une même langue au sortir du berceau forment une famille naturelle. Mes conationaux sont à Genève, ils ne sont point à Berne. Il y a un rapport national intime entre moi et le créole de la Martinique ou le colon du Canada : entre l'Allemand des provinces rhénanes, le Basque des vallées pyrénéennes, le paysan sauvage de l'Armorique, et moi, il n'y en a point.

La *patrie*, à proprement parler, pourrait se circonscrire entre la maison natale et le cimetière de la paroisse. On la mesurerait avec un lange appendu à un suaire. C'est l'endroit où l'on s'est développé, où l'on a grandi sous les yeux de sa mère; c'est l'endroit où l'on a accompagné le cercueil des siens au trou qui les dévore. Avec une grande extension, c'est l'endroit où croissent des fleurs que j'ai cueillies, où se meuvent des quadrupèdes, où sifflent des oiseaux, où bourdonnent des insectes qui m'étaient familiers, où l'aspect des scènes naturelles est le même qui a égayé mes premiers regards. Quand j'arrive, moi, paysan alpin, à l'oranger en pleine terre; quand j'entends la mer hurler contre ses falaises; quand je vois fumer le volcan, j'ai changé de PATRIE. A mon entrée dans les forêts de Croatie, je me jetai avec transport sur la terre et je tentai de la saisir dans mes embrassemens : c'était encore la *patrie*. Je l'ai cherchée aussi vainement à Marseille que si les Phocéens avaient planté leurs tentes la veille sur ses rivages. L'idée de la *patrie* est une notion d'habitude.

Le Taitien de Bougainville retrouva un jour sa patrie au Jardin du roi, en y découvrant un arbrisseau de son île ; et puis il la perdit en apprenant que cet arbrisseau avait été cultivé dans une serre.

Une nature, voilà la *patrie* de l'homme. Une langue, voilà la *nation* du citoyen.

Il y a cependant une autre *patrie* encore, l'angle de terre où se rencontrent deux hommes de bonne foi qui se comprennent et qui s'embrassent.

Il est bien difficile qu'une civilisation secondaire ait des traditions naïves. Il serait peut-être impossible d'y ramener une civilisation complexe, mêlée d'élémens aussi hétérogènes que la nôtre. Dans une société qui a subi peu d'altérations et qui conserve quelque chose du souvenir confus de ses commencemens, quand les barbaries intermédiaires ont disparu et que les lumières reviennent, il est naturel de remonter au système antérieur et de reprendre sur ses premiers erremens la voie dont on avait été détourné par la force irrésistible des circonstances. Ainsi, par exemple, sans le phénomène du christianisme, nous retournions tout naturellement aux croyances de la mythologie, et peu s'en est fallu que l'irruption de l'imprimerie et des classiques ne nous y ramenât en dépit du christianisme. Quant à notre ancienne histoire nationale, on peut la regarder comme perdue, et on croirait volontiers que c'est tout au plus d'hier que nous sommes constitués en corps de peuple. La première race de notre monarchie elle-même est au rang des fables, comme si la Gaule n'était sortie des eaux du déluge qu'après la conflagration de l'empire romain, qui est toutefois un événement récent par rapport à l'ancien monde. Il est surtout propre aux Français d'oublier leurs antécédens. C'est, dans leur éducation nationale, une aggrégation d'hommes, subite, extemporanée, sans antiquités, sans origines. Cette misère, qui nous est particulière, explique à elle seule la brusquerie impatiente et insensée que nous portons dans l'investigation des idées sociales et des théories politiques. Nous y allons comme une colonie d'aventuriers qui ne savent d'où ils viennent, ni où ils vont, et qui se hâtent de mettre le présent à profit, parce qu'ils n'ont ni le sentiment du passé ni celui de l'avenir. Tout nous est bon en apparence, parce que nous ne tenons à rien.

La véritable gloire historique des peuples consiste dans la longévité de leurs institutions et de leur nom. Voilà ce qui grandit le souvenir des Égyptiens, des Assyriens, des Hébreux, des Perses, des Romains. Nous ne sommes, nous autres, que des enfans impatiens et irréfléchis qui ont vite oublié leur berceau, et qui passent à leur fin dans le cours d'un soleil, comme les mouches du fleuve Hypanis. C'est une cohue brillante de force et de génie, mais tumultueuse, confuse et sans cohérence. Ce n'est pas un peuple compacte, ce n'est pas une nation.

Notre nom même, je le répète, ne nous est pas connu; et qu'est-ce, grand Dieu, qu'une race d'hommes qui ne sait pas son nom! Toutes celles qui ont occupé la terre ont tiré le leur d'une tradition autochtone, c'est-à-dire essentiellement appropriée au sol de première occupation dont elles étaient maîtresses, ou bien de quelque particularité très-caractérisée qui les distinguait entre les autres. Il n'y eut jamais de grand peuple dénommé par son vainqueur. Le titre de *Français*, comme celui de *Normand*, ne rappelle qu'une calamité publique, puisqu'il consacre une conquête et qu'il reconnaît explicitement l'abolition de toute civilisation précédente. Je ne trouve dans ma mémoire aucune société qui se soit soumise à cette humiliation quand elle a pu s'en affranchir et qui ait gardé depuis une place honorable dans l'histoire. Une révolution contre l'usurpation franque, les rois qu'elle avait imposés, la noblesse héréditaire qui en était sortie, une RÉVOLUTION GAULOISE était une révolution légitime. C'était l'objet latent de la nôtre, et personne ne l'a compris. Aussi a-t-elle été manquée à tout jamais,

quoiqu'il arrive. Le jour où nous aurions repris notre nom de GAU-
LOIS avec sa couleur et ses insignes était le véritable jour de notre
restauration sociale. Nous n'y avons pas pensé. Napoléon , le seul
homme de génie qui ait montré la velléité de faire de nous un peuple , avant de nous réduire traîtreusement à notre ancienne condition de serfs , voulut nous rendre le nom de GAULOIS et l'emblème
du coq. On lui prouva aisément que tout cela était ridicule , parce
qu'il ne demandait pas mieux que de le croire , et il nous laissa le
nom de nos maîtres en y joignant l'aigle postiche des légions ro-
maines, une seconde fois illustrée par ses armes. Ces marques ex-
térieures des peuples ne sont pas à dédaigner , comme on l'ima-
gine; elles sont au contraire leur expression essentielle et vivante,
mais nous ne savions ce que c'était. Celles qu'on nous accorda n'é-
taient que trop bonnes d'ailleurs pour un troupeau d'esclaves , et
nous n'étions pas autre chose alors.

Encore une fois, nous formons, sous ce rapport, une exception
unique parmi les nations affranchies. Quand les Grecs , si arriérés
sur nous dans la pratique de la civilisation , arborèrent enfin un si-
gne d'indépendance, ils n'invoquèrent pas , au nom de *Grecs* , la
protection de leur jeune liberté; ils s'appelèrent Hellènes, et ils al-
lèrent exhumer le titre fondamental de leurs droits du tombeau de
Deucalion.

Notre type national était la blancheur. On nous avait donc appelé
les *blancs*, par opposition aux Ibères et aux Italiens, nos voisins
transmontains qui sont bruns ou basanés. Voilà un nom naturel. Les grecs anciens nous désignaient en conséquence par le
nom de *Galates*, qui signifie *couleur de lait*, et les Latins n'eurent
qu'un nom commun pour le GAULOIS et pour le coq blanc, qui était
son insigne. Le blanc était la couleur de notre drapeau, parce qu'il
avait été notre couleur nationale et parlante avant les dynasties
franques. On nous rend aujourd'hui le coq, parce que l'aigle est
l'emblème d'une dynastie intermédiaire, et que la fleur de lis , ou
fer de lance, passe, abusivement à mon avis, pour celui des
conquérans. Cela serait fort bien si l'on attachait à cette concession
un sens plus intelligent et plus achevé, et qu'au lieu de nous resti-

tuer pièce à pièce nos emblèmes nationaux, comme un pis-aller, on nous les donnât comme nôtres. Quiconque sait chez nous pourquoi il aime la patrie est GAULOIS. Le nom de *Français* se rattache à d'autres illustrations, et je n'ai point d'objection contre la gloire dont il s'agit, quoique je n'en fasse pas intérieurement grand cas. Ces illustrations, il faut en garder mémoire dans les archives de notre longue vie sociale ; mais le nom qu'elles décorent est un faux matériel dans notre acte de naissance.

A quoi servent d'ailleurs, me dira-t-on, de pareilles discussions ? A blasonner le cercueil des sociétés mourantes... Ce n'est véritablement pas la peine.

—

Il arrivera un jour terrible pour notre civilisation actuelle, et j'ai peur que ce jour ne soit prochain, celui où un homme d'un esprit juste et d'un cœur droit, en qui les peuples seront d'avance accoutumés à croire, viendra leur dire, la main sur le cœur :

« Mes chers amis, je vous vois empêchés depuis long-temps à » chercher le neuf et le vrai, et je dois vous déclarer en conscience, » avant de vous quitter pour jamais, deux choses que j'ai recon- » nues, depuis que je médite dans l'intérêt de votre bonheur sur » le neuf et sur le vrai ; c'est que tout ce que vous tenez pour neuf » est vieux, et que tout ce que vous tenez pour vrai est faux. »

CH. NODIER.

REVUE

POLITIQUE.

FRANCE.

Paris.

17 décembre 1830.

POURQUOI ON NE GOUVERNE PAS. — DE L'ESPRIT ANARCHIQUE. — COMMENT ON PEUT GOUVERNER.

« Qu'on gouverne, qu'on gouverne, » c'est partout le cri des hommes de sens, le vœu instinctif du pays. Le pays a grande raison. Mais un gouvernement qui gouverne, c'est un ministère qui dure, qui se sente destiné à durer, et agisse dans cette confiance. Évidemment le ministère actuel n'en est pas là, pas plus que son prédécesseur. Utile au moment où il s'est formé, utile encore aujourd'hui, demain peut-être, il n'est pas destiné à préparer l'avenir du pays ; et cela, tout-à-fait indépendamment du mérite de